Niños en la Tierra

Aventuras de vida Silvestre - Explora el Mundo
Blue Morpho Butterfly - Costa Rica

Sensei Paul David

Página De Derechos De Autor

Niños en la Tierra: Aventuras de vida Silvestre - Explora el Mundo

Blue Morpho Butterfly - Costa Rica

por Sensei Paul David,

Copyright © 2024.

Todos los derechos reservados.

978-1-77848-573-2

KoE_Wildlife_Spanish_PaperbackBook_Ingram_BlueMorphoButterfly

978-1-77848-572-5

KoE_Wildlife_Spanish_PaperbackBook_Amazon_BlueMorphoButterfly

978-1-77848-571-8

KoE_Wildlife_Spanish_eBook_Amazon_BlueMorphoButterfly

Este libro no está autorizado para su distribución y copia gratuita.

www.senseipublishing.com

@senseipublishing

#senseipublishing

Synopsis

Este libro es una colección de 30 datos curiosos sobre la Mariposa Morfo Azul, una criatura hermosa y única que se encuentra en las selvas tropicales de América Central y del Sur, incluyendo Costa Rica. Desde sus alas vibrantes hasta su hábitat particular, la Mariposa Morfo Azul es un símbolo de esperanza y renovación y es una parte importante de la cadena alimentaria en la selva tropical. Este libro ofrece a los lectores una introducción a la Mariposa Morfo Azul, así como datos curiosos sobre su tamaño, velocidad, dieta, esperanza de vida, camuflaje, hábitat y simbolismo. También incluye información sobre la importancia de la Mariposa Morfo Azul en Costa Rica, y cómo se utiliza en arte, joyería, literatura, poesía, ceremonias de boda, ceremonias religiosas, celebraciones, rituales y más.

¡Obtenga nuestros libros GRATIS ahora!

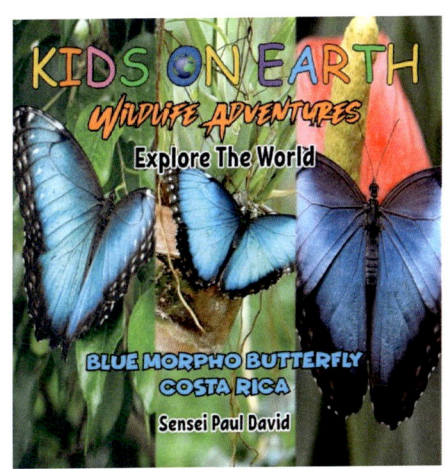

kidsonearth.life

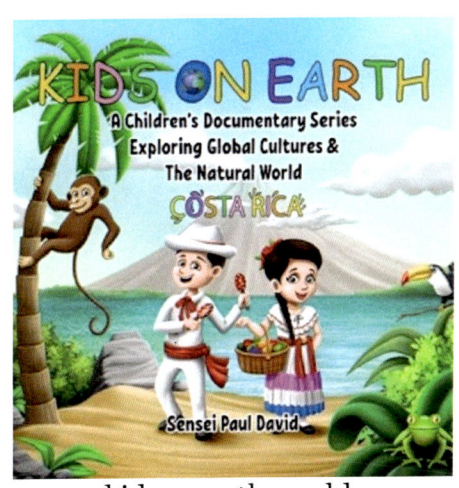

kidsonearth.world

Haga clic a continuación o busque en Amazon otro libro de cada serie o visite:

¡Únete a nuestro viaje editorial!

Si desea recibir LIBROS GRATIS FUTUROS, Y conocernos mejor, Por favor, haga clic en el enlace www.senseipublishing.com Y únete a nuestro boletín ingresando tu dirección de correo electrónico en la caja emergente.

Sigue nuestro blog: senseipauldavid.ca

Sigue/Me gusta/Suscribirse: Facebook, Instagram, YouTube: @senseipublishing

Escanee el código QR con su teléfono o tableta

para seguirnos en las redes sociales: Me gusta / Suscríbete / Síguenos

Introducción

¡Bienvenido al mundo de la Mariposa Morfo Azul! Este libro está lleno de datos curiosos sobre esta hermosa criatura y su hogar en Costa Rica. Desde sus alas vibrantes hasta su hábitat único, aprenderás todo sobre la Mariposa Morfo Azul y por qué es tan especial. ¡Así que empecemos!

La Mariposa Morfo Azul es una de las mariposas más grandes del mundo, con una envergadura de hasta 8 pulgadas.

La Mariposa Morfo Azul se encuentra en las selvas tropicales de América Central y del Sur, incluyendo Costa Rica.

La Mariposa Morfo Azul tiene alas de un azul brillante con bordes negros, lo que le ayuda a mezclarse con el cielo y dificulta que los depredadores la detecten.

La Mariposa Morfo Azul es una voladora rápida y puede alcanzar velocidades de hasta 30 millas por hora.

La Mariposa Morfo Azul se alimenta del néctar de las flores y es un polinizador importante en la selva tropical.

La Mariposa Morfo Azul tiene una vida corta de solo dos a cuatro semanas.

La Mariposa Morfo Azul es una maestra del camuflaje y puede cambiar su color para que coincida con su entorno.

La Mariposa Morfo Azul es una atracción turística popular en Costa Rica y se puede ver en muchos de los parques nacionales del país.

La Mariposa Morfo Azul es una parte importante de la cadena alimentaria en la selva tropical y es comida por pájaros, lagartos y otros animales.

La Mariposa Morfo Azul es simbólica de muchas maneras, es un símbolo de esperanza y renovación en Costa Rica, y a menudo se usa en arte y joyería.

La Mariposa Morfo Azul es un símbolo de transformación y cambio y se cree que trae buena suerte a quienes la ven.

GOOD LUCK

La Mariposa Morfo Azul es un símbolo de libertad y belleza y a menudo se usa en literatura y poesía.

La Mariposa Morfo Azul es un símbolo de amor y romance y a menudo se usa en ceremonias de boda.

La Mariposa Morfo Azul es un símbolo de paz y armonía y a menudo se usa en ceremonias religiosas.

La Mariposa Morfo Azul es un símbolo de alegría y felicidad y a menudo se usa en celebraciones.

La Mariposa Morfo Azul es un símbolo de protección y fortaleza.

La Mariposa Morfo Azul es un símbolo de fertilidad y abundancia y a menudo se utiliza en rituales de fertilidad.

La Mariposa Morfo Azul es un símbolo de suerte y fortuna.

La Mariposa Morfo Azul es un símbolo de belleza y gracia y a menudo se usa en moda y diseño.

La Mariposa Morfo Azul es un símbolo de inteligencia y sabiduría y a menudo se usa en materiales educativos.

rst snowflakes begin to come
wn, And the wind whistles
arp and the branches are
own, I'll not be cold,
ough my fingers numbs,
or it brings the rer
en Santa Claus My
eart boy. It's
really to sleep, I
ant to go ke a peep.
d, Then I am ally in bed,
th visions of Santa dancing

La Mariposa Morfo Azul es un símbolo de creatividad e imaginación y a menudo se usa en arte y música.

La Mariposa Morfo Azul es un símbolo de amistad y lealtad y a menudo se usa en pulseras de la amistad.

La Mariposa Morfo Azul es un símbolo de valentía y a menudo se usa en decoraciones de coraje.

La Mariposa Morfo Azul es un símbolo de salud y sanación.

La Mariposa Morfo Azul es un símbolo de esperanza y optimismo y a menudo se usa en materiales motivacionales.

La Mariposa Morfo Azul es un símbolo de transformación y renacimiento y a menudo se usa en ceremonias espirituales.

La Mariposa Morfo Azul es un símbolo de protección y guía y a menudo se usa en amuletos protectores.

La Mariposa Morfo Azul es un símbolo de belleza y elegancia y a menudo se usa en decoraciones y joyería.

La Mariposa Morfo Azul es un símbolo de guía.

La Mariposa Morfo Azul es un símbolo de vida y renovación y a menudo se usa en memoriales.

Conclusión

La Mariposa Morfo Azul es una hermosa y única criatura que se encuentra en las selvas tropicales de América Central y del Sur, incluyendo Costa Rica. Desde sus alas vibrantes hasta su hábitat único, la Mariposa Morfo Azul es una parte importante de la cadena alimentaria en la selva tropical. Este libro te ha proporcionado 30 datos curiosos sobre la Mariposa Morfo Azul, y esperamos que hayas disfrutado aprendiendo sobre esta increíble criatura.

Gracias por leer este libro!

Si encontraste este libro útil, estaría agradecido si publicaras una reseña honesta en Amazon para que este libro pueda llegar y ayudar a otras personas.

Todo lo que necesitas hacer es visitar amazon.com/author/senseipauldavid Haga clic en la portada correcta del libro y haga clic en el enlace azul junto a las estrellas amarillas que dice "reseñas de clientes"

Como siempre...

Es un gran día para estar vivo!

¡Comparta nuestros libros electrónicos GRATIS ahora!

kidsonearth.life

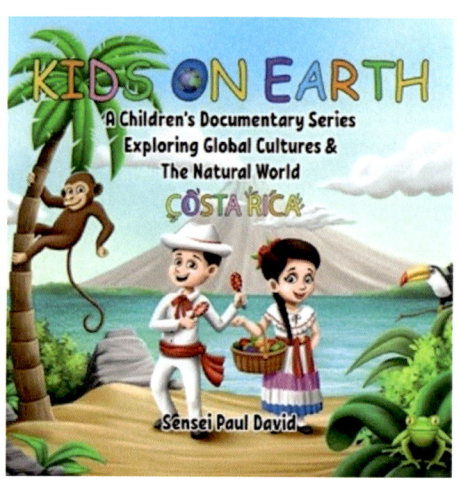

kidsonearth.world

Haga clic a continuación o busque en Amazon otro libro de cada serie o visite:

www.amazon.com/author/senseipauldavid

Mira nuestras **recomendaciones** para otros libros para adultos y niños, además de otros grandes recursos visitando.

www.senseipublishing.com/resources/

Únete a nuestro viaje editorial!

Si desea recibir LIBROS GRATIS, ofertas especiales, visite por favor.

www.senseipublishing.com Y únete a nuestro boletín ingresando tu dirección de correo electrónico en la caja emergente

Sigue nuestro atractivo blog AHORA!

senseipauldavid.ca

Consigue nuestros libros GRATIS hoy!

Haz clic y comparte los enlaces a continuación

Libros gratis para niños

lifeofbailey.com

kidsonearth.world

Libro de auto-desarrollo GRATIS

senseiselfdevelopment.senseipublishing.com

BONO GRATIS!!!

Experimenta más de 25 meditaciones guiadas gratuitas y entretenidas!

Habilidades y prácticas preciadas para adultos y niños. Ayuda a restaurar el sueño profundo, reducir el estrés, mejorar la postura, navegar la incertidumbre y más.

Descargue la aplicación gratuita Insight Timer y haga clic en el enlace a continuación:
http://insig.ht/sensei_paul

Si te gustan estas meditaciones y quieres profundizar, envíame un correo electrónico para una sesión de coaching en vivo GRATIS de 30 minutos:
senseipauldavid@senseipublishing.com

Acerca de Sensei Publishing

Sensei Publishing se compromete a ayudar a las personas de todas las edades a transformarse en mejores versiones de sí mismas proporcionando libros de autodesarrollo de alta calidad y basados en investigaciones con énfasis en la salud mental y meditaciones guiadas. Sensei Publishing ofrece libros electrónicos, audiolibros, libros de bolsillo y cursos en línea bien escritos que simplifican temas complicados pero prácticos en línea con su misión de inspirar a las personas hacia una transformación positiva.

Es un gran día para estar vivo!

Sobre el autor

Creo libros electrónicos y meditaciones guiadas simples y transformadoras para adultos y niños, probadas para ayudar a navegar la incertidumbre, resolver problemas específicos y acercar a las familias.

Soy un ex gerente de proyectos financieros, piloto privado, instructor de jiu-jitsu, músico y ex entrenador de fitness de la Universidad de Toronto. Prefiero un enfoque basado en la ciencia para enfocarme en estas y otras áreas de mi vida para mantenerme humilde y hambriento de evolucionar. Espero que disfrutes mi trabajo y me encantaría escuchar tus comentarios.

- Es un gran día para estar vivo!
Sensei Paul David

Escanea y sigue/me gusta/suscribete: Facebook, Instagram, YouTube: @senseipublishing

Escanea con la cámara de tu teléfono/iPad para las redes sociales

Visítanos www.senseipublishing.com Y regístrate a nuestro boletín para aprender más sobre nuestros emocionantes libros y para experimentar nuestras Meditaciones Guiadas GRATIS para Niños y Adultos.

www.ingramcontent.com/pod-product-compliance
Lightning Source LLC
Chambersburg PA
CBRC091723070526
44585CB00008B/155